AF591660

N° 6

FEMMES CÉLEBRES
DE TOUTES LES NATIONS,
AVEC LEURS PORTRAITS:

Ouvrage présenté au Roi, *à la* Reine & *à la Famille Royale.*

Non ! Promethée aux Cieux n'a pas ravî la flame,
Sans doute il la puisa dans les yeux d'une Femme.

Christine Reine de Suède

VIeme LIVRAISON.

Prix 3 livres, & 4 liv. colorié pour MM. les Souscripteurs ; (& 4 liv. & 5 liv. par Numéro *sans souscrire.)*

A PARIS,

Chez M. Ternisien d'Haudricourt, Auteur de cet Ouvrage, rue ~~Saint-Honoré, vis-à-vis celle de Grenelle~~ Feydeau N...
Et Gattey, Libraire, au Palais-Royal, N°. 14.

M. DCC. LXXXVIII.

Avec Approbation & Privilége du Roi.

GALERIE UNIVERSELLE.

CHRISTINE, REINE DE SUÈDE.

La ſcience de l'Hiſtoire, quand elle n'eſt pas éclairée par la Philoſophie, eſt la dernière des connoiſſances humaines. L'étude en ſeroit plus intéreſſante, ſi on eût un peu plus écrit l'hiſtoire des hommes, & un peu moins celle des Princes qui n'eſt dans ſa plus grande partie que les faſtes du vice ou de la foibleſſe. C'eſt bien pis quand on y mêle une multitude de faits encore moins dignes

d'être connus. Un homme d'esprit, très-peu versé dans l'Histoire, se consoloit de son ignorance, en considérant que ce qui se passe sous nos yeux seroit l'Histoire un jour. Il seroit à souhaiter que tous les cent ans on fît un extrait des faits historiques réellement utiles, & qu'on brûlât le reste. Ce seroit le moyen d'épargner à notre postérité l'inondation dont elle est menacée, si on continue d'abuser de l'Imprimerie pour apprendre aux siècles futurs des choses dont on ne s'embarrasse guère dans les siècles où elles se passent. Je ne doute point qu'un desir si raisonnable ne soit pour bien des Savans un crime de lèse-érudition, digne des injures & des anathêmes de tous les Compilateurs; mais j'appelle de ces anathêmes au jugement des sages. Eux seuls devraient être en droit de peindre les hommes comme de les gouverner. L'Histoire & les hommes en vaudroient mieux.

Je n'ai pu m'empêcher de faire ces réflexions à la vue de deux gros volumes de Mémoires sur Christine, Reine de Suède, qu'on vient de publier en Hollande. Si l'Auteur de ces Mémoires a eu pour but de faire connoître son Héroïne, je doute qu'il y soit parvenu. Je connois plusieurs Savans, assez aguerris aux lectures rebutantes, qui n'ont pu soutenir celle de son Ouvrage, ni dévorer paisiblement ce fatras d'érudition & de citations où l'Histoire de Christine se trouve absorbée. C'est un portrait assez mal dessiné, déchiré par lambeaux & dispersé sous un monceau de décombres.

Cependant le desir que j'ai toujours eu de me former une idée de cette Princesse singulière dont on a parlé si diversement, m'a forcé de parcourir une si énorme compilation. Je l'ai envisagée comme ces perspectives, dans lesquelles le Peintre a dessiné d'une manière difforme une figure humaine, qu'on ne peut démêler qu'à un certain point de vue, où elle paraît avec ses justes proportions, & débarrassée de tous les objets étrangers dont le mêlange la rendoit méconnoissable. J'ai tâché de saisir ce point de vue; mais je ne me flatte pas de l'avoir trouvé.

Quoi qu'il en soit, voici ce que j'ai pu recueillir de cette lecture. Si on juge mon ouvrage ennuyeux, je n'empêche personne de recourir à l'original même, & d'y trouver plus de plaisir. Je tâcherai du moins de rendre cet écrit utile, par les principes que j'aurai soin d'y répandre, & sur-tout par les réflexions qu'il me donnera occafion de faire contre les deux plus grands fléaux du genre humain, la fuperftition & la tyrannie.

Mon premier deffein étoit de donner fur ces Mémoires une Hiftoire abrégée de Chriftine. Mais la marche uniforme & le ftyle un peu monotone auquel on a jugé à propos d'affujettir l'Hiftoire, auroit été pour moi une entrave continuelle. Je ne fai par quelle raifon on eft convenu prefque généralement de réduire l'Hiftoire à une efpèce de gazette renforcée, exacte pour les faits & pour le ftyle. On prétend que l'Hiftorien doit s'abftenir des réflexions & les laiffer faire à ceux qui lifent. Pour moi, je crois que le vrai moyen de fuggérer des réflexions au Lecteur, c'eft d'en faire. Tout confifte à favoir les ménager, les préfenter avec art, les lier au fujet de manière qu'elles augmentent l'intérêt au lieu de le refroidir. En un mot les réflexions me paroiffent auffi effentielles pour rendre l'Hiftoire agréable, pour fixer même les faits dans la mémoire, que les démonftrations de Géométrie pour fixer dans l'efprit l'énoncé des propofitions. L'Hiftorien, dit-on, doit n'être qu'un témoin qui dépofe, & les réflexions feroient foupçonner fa partialité. Mais il me ſemble que la manière ſeule de narrer les faits rend un Hiſtorien auſſi ſuſpect que le peuvent faire les réflexions ; & partialité pour partialité, celle qui ennuie le moins eſt préférable. D'ailleurs ce ſoupçon de partialité ne peut jamais tomber que ſur un Auteur qui écrit l'Hiſtoire de ſon temps ; j'aurois beau faire l'éloge ou la ſatyre de Chriſtine, on pourra m'accuſer de m'être trompé, comme on le feroit ſi je m'en tenois au ſimple récit, mais jamais on ne me ſoupçonnera de lui avoir voulu ni bien ni mal.

Cependant, pour ne pas heurter de front un préjugé aſſez généralement établi, ce n'eſt pas l'Hiſtoire de Chriſtine que je vais donner ; ce ſont ſimplement des obſervations ſur les principaux traits de la vie de cette Princeſſe ; ce ſera, ſi l'on veut, un extrait raiſonné des Mémoires de Chriſtine, une Lettre ſur ces Mémoires, une converſation avec mon Lecteur ; je lui laiſſe le choix du titre.

Je fais grace au public des Lettres que Chriſtine, âgée de cinq ans, écrivoit au Roi ſon père, & par leſquelles elle lui marquoit qu'elle tâchoit d'apprendre à bien prier Dieu ; Lettres que le Compilateur avoue n'être pas fort intéreſſantes pour les

Etrangers, mais qu'il croit l'être beaucoup pour les Suédois. Je fais grace aussi de son horoscope & de celui de Gustave Adolphe son père, pour considérer quelques momens ce conquérant si fameux.

Tandis qu'uni avec la France, & secrétement applaudi de la Cour de Rome jalouse de la puissance Autrichienne, il vengeoit de l'oppression de Ferdinand les Protestans de l'Empire, toute la Bavière retentissoit d'oraisons, d'exorcismes, de litanies & d'imprécations contre ce Prince; des Moines Allemands prouvoient qu'il étoit l'Antechrist, & des Ministres Luthériens qu'il ne l'étoit pas. Mon Auteur assure néanmoins que ce Prince usa modérément de ses victoires. On prétend que l'Allemagne en fut redevable aux sentimens que Gustave avoit conçus pour les Catholiques en étudiant dans sa jeunesse à Pavie sous le célèbre Galilée, que l'Inquisition traita depuis comme hérétique, parce qu'il étoit Astronome. Mais outre que le voyage de Gustave en Italie est assez douteux, il ne paroît pas qu'un pays où l'on fait un article de foi du systême de Ptolomée, fût bien propre à prévenir favorablement un Prince Luthérien.

Quoi qu'il en soit, le Pape Urbain VIII, qui joignoit à tout le zèle d'un souverain Pontife pour sa Religion une haine encore plus grande pour l'Empereur Ferdinand, assuroit que les Espagnols de Charles-Quint avoient fait plus de mal à l'Eglise Romaine, que les Suédois de Gustave n'en avoient fait à l'Allemagne. Il est à desirer pour l'honneur de Gustave & de l'humanité, qu'il ait mérité l'éloge qu'on fait ici de sa modération. Si quelque chose pouvoit rendre cet éloge suspect, ce seroit le prétendu goût que mon Auteur attribue à Gustave pour les Lettres, parce qu'il avoit lu des Livres de Tactique & d'Art Militaire. C'est comme s'il eût soutenu que le feu Roi de Prusse aimoit les Sciences, parce que son amour extrême pour ses troupes l'engageoit à accorder quelque protection aux Chirurgiens d'armée. Le Compilateur est si prévenu pour ses Souverains, qu'il loue sur l'amour des Lettres jusqu'à Charles XII, qui n'avoit lu en sa vie que les commentaires de César. C'est ainsi qu'en prodiguant les éloges aux Princes, on les dispense de les mériter. Mais la postérité qui juge les Ecrivains & les Rois, saura mettre à leur place ceux qui donnent les louanges, & ceux qui les reçoivent.

Ce qui me paroît le plus frappant dans toute l'Hiſtoire de Guſtave, ce ſont les réflexions ſages qu'on lui attribue ſur les Conquérans. On les croiroit de Socrate, & Guſtave auroit dû joindre au mérite d'en être l'Auteur, la gloire de les mettre en pratique. Le mal qu'il a fait à la maiſon d'Autriche n'a pas rendu la Suède plus heureuſe. Je ne connois preſque que le Czar Pierre, dont les conquêtes aient tourné à l'avantage de ſes peuples; encore ſeroit-ce une queſtion de morale à décider, ſi un Prince pour augmenter le bonheur de ſes ſujets doit faire le malheur de ſes voiſins. Pour aſſurer le repos de l'empire, & humilier la maiſon d'Autriche, il n'étoit pas néceſſaire que Guſtave envahît en un an les deux tiers de l'Allemagne, & qu'il donnât aſſez de jalouſie & d'ombrage à ſes alliés pour que Louis XIII refuſât d'avoir avec lui une entrevue dont tout l'honneur ſeroit demeuré au Roi de Suède. Guſtave ſoutenoit avec raiſon qu'il n'y a de différence entre les Rois que celle du mérite; mais le mérite principal d'un Souverain eſt l'amour l'amour de l'humanité, de la juſtice & de la paix. Les Rois qui n'ont que de la puiſſance ou même que de la valeur, toujours les premiers des hommes pour leurs courtiſans, ſont les derniers pour le ſage.

Ce Prince ayant été tué, comme l'on ſait, à la bataille de Lutzen par un coup aſſez ſingulier pour qu'on y ait cherché du myſtère, Chriſtine encore enfant lui ſuccéda. Dans le plan que le célèbre Chancelier Oxenſtiern donna pour la régence, on remarque un éloignement pour le deſpotiſme, qui doit honorer la mémoire d'un Miniſtre d'Etat. Il paroît incliner pour un Gouvernement mêlé du monarchique & du républicain : & l'on ne peut diſconvenir que cette forme n'ait pluſieurs grands avantages, ſans prétendre d'ailleurs toucher à la queſtion délicate du meilleur gouvernement poſſible, dont la ſolution peut recevoir différentes modifications par la différence des climats, de la ſituation, des circonſtances, du génie des Rois & des Peuples. Mais on ne ſauroit ſoupçonner un eſprit auſſi éclairé qu'Oxenſtiern, d'avoir donné la préférence, comme quelques-uns l'ont cru, au gouvernement Ariſtocratique, que le droit naturel & l'expérience démontrent être le pire de tous.

Ceux qui furent chargés de l'éducation de Chriftine, eurent ordre de lui infpirer de bonne heure de ne pas donner toute fa confiance à un feul; maxime excellente fans doute en elle-même, mais dont tant de Princes n'ont que trop abufé pour fe défier également du vice & de la vertu, pour ne prendre jamais de confeils, & pour fe croire prudens & fermes lorfqu'ils n'étoient qu'opiniâtres.

Chriftine montra de bonne heure une pénétration d'efprit finguliere : on affure que dès fon enfance elle lifoit en original Thucidide & Polybe, & qu'elle en jugeoit bien. On eût mieux fait de lui apprendre à connoître les hommes que les Auteurs Grecs. La vraie Philofophie eft encore plus néceffaire à un Prince que l'Hiftoire ; j'en excepte celle de la Bible, à laquelle les Etats de Suède vouloient qu'on lui fît donner beaucoup de temps, comme étant, difent-ils, dans un Mémoire exprès, la fource de toutes les autres. On ne peut que louer les Etats, d'avoir infifté fur les principes de Religion qu'on devoit infpirer à la jeune Reine ; mais il femble que tous les autres objets aient été un peu trop oubliés en faveur de celui-là ; la fuite fit voir qu'on n'auroit pas dû les négliger.

Je n'entrerai dans aucun détail, ni sur la minorité de Christine, ni sur la manière dont elle se conduisit avec la France, quand elle eut pris les rênes du Gouvernement, ni sur les plaintes réciproques, & peut-être également justes, de la Reine & de ses Alliés. Eclaircir ces démêlés politiques, est sans doute un grand projet; mais l'incertitude des faits qui se passent sous nos yeux, doit rendre très-suspect le développement prétendu de quelques intrigues secrettes & anciennes, dont l'Histoire auroit peut-être été écrite fort différemment par les principaux Acteurs. Je garderai donc sur tous ces faits un silence prudent; c'est l'Histoire privée de Christine, & non l'Histoire de son Royaume que j'ai pour objet dans cet écrit, & je ne la considère même un moment sur le trône de Suède, que pour l'envisager ensuite plus à mon aise, & de plus près dans la retraite.

Une des choses dont on doit savoir le plus de gré à Christine, c'est la considération qu'elle témoigna pour le célèbre Grotius. Cet homme illustre par ses Ouvrages, mais dont la plus grande gloire est d'avoir été l'ami de Barneveldt, & le défenseur de la liberté de son pays, étoit allé chercher un asyle en France, contre la perſécution des Gomariſtes. Il déplut au Cardinal de Richelieu, parce qu'il ne le flattoit pas ſur ſes talents littéraires. Car il faut toujours que les grands Hommes ſe rapprochent des autres par quelque foibleſſe. Le protecteur de *Myrame* & de l'*Amour tyrannique* qui perſécutoit & récompenſoit tout-à-la-fois Corneille, non-ſeulement ne fit rien pour Grotius, mais l'obligea, à force de dégoûts, de ſe retirer ; Guſtave Adolphe l'accueillit, Oxenſtiern le renvoya en France, avec le titre d'Ambaſſadeur, & Chriſtine, bientôt après, lui confirma ce titre ; elle trouvoit, par-là, le moyen de récompenſer, d'une manière digne d'elle, un homme d'un mérite rare ; de mortifier les Hollandois qu'elle n'aimoit pas, & de piquer le Cardinal dont elle croyoit avoir à ſe plaindre. Ainſi Grotius, que ſon génie & ſon naturel rendoient incapable de toute eſpèce de ſoupleſſe, & que ſon titre en diſpenſoit, jouit du plaiſir de traiter en égal un Miniſtre qui l'avoit mépriſé. C'eſt un honneur pour Chriſtine, que d'avoir penſé de Grotius comme la poſtérité ; ſans doute, ce ſuffrage de plus n'étoit pas néceſſaire à la réputation d'un ſi grand Homme ; mais il faut ſavoir gré aux Princes d'être juſtes, &

même de connoître, avec le public, les Hommes illuſtres & vertueux. Quand Chriſtine n'auroit témoigné de conſidération à Grotius que par vanité, on doit lui tenir compte de cette vanité même : ſi c'eſt une foibleſſe dans les Rois comme dans les autres hommes, c'eſt du moins une foibleſſe qui peut les mener aux grandes choſes.

Après la victoire de Norlingue, où le Prince de Condé & Turenne, à la tête des troupes de France, vengèrent l'honneur des Suédois qui avoient été défaits quelques années auparavant au même lieu, Chriſtine écrivit au Prince de Condé une lettre de remercîment. Quelques Hiſtoriens prétendent que ce Prince avoua dans ſa réponſe qu'il devoit une grande partie du ſuccès au Vicomte de Turenne. Si le fait eſt vrai, le Prince de Condé auroit mis le comble à ſa gloire en l'avouant ; mais il n'en paroît dans ſa réponſe aucun veſtige.

On ne ſera point ſurpris que Chriſtine, auſſi paſſionnée pour les Lettres & pour le repos, que ſon père l'étoit pour la guerre, ait hâté la concluſion de la paix de Weſtphalie. L'animoſité & la jalouſie des Miniſtres y mettoient un obſtacle encore plus grand que le nombre prodigieux d'intérêts qu'il y avoit à régler. Les Plénipotentiaires de Suède, auſſi diviſés entr'eux que ceux de France, étoient le Comte Oxenſtiern, fils du Grand Chancelier de Suède, & Alder Salvius, Chancelier de la Cour. Le premier ſe conduiſoit en tout par les conſeils de ſon père qui déplaiſoit à Chriſtine, parce qu'il lui étoit trop néceſſaire, & parce qu'il cherchoit d'ailleurs, contre le deſir de la Reine, à éloigner la concluſion de la paix. Il croyoit trouver dans la continuation de la guerre, la gloire de la Suède; l'affoibliſſement de la France, qu'il craignoit comme une amie dangereuſe, & l'avantage des Proteſtants d'Allemagne. C'eſt lui qui écrivoit à ſon fils, effrayé du chaos des affaires: « *Ne ſais tu pas*, mon fils, » combien le ſecret de gouverner le monde eſt peu » de choſe »?

Salvius, collègue d'Oxenſtiern, & d'un caractère plus liant, avoit toute la confiance & toute la faveur de la Reine, & cependant n'étoit pas ſans mérite: Chriſtine, comme tous les Princes, aimoit mieux être flattée que ſervie; mais, en même temps, étoit aſſez éclairée pour ne pas ſacrifier tout-à-fait à ſon amour propre, l'honneur de ſon diſcernement & ſes vrais intérêts. En faiſant Salvius Sénateur de Suède, quoiqu'il ne fût pas d'une maiſon aſſez noble, elle avoit tenu au Sénat, ce diſcours que tous les Rois devroient ſavoir par cœur. « Quand il » eſt queſtion de bons avis & de ſages conſeils, on » ne demande point ſeize quartiers, mais ce qu'il faut » faire. Salvius ſeroit ſans doute un homme capable, » s'il étoit de grande famille.... Si les enfants de » famille ont de la capacité, ils feront fortune comme » les autres, ſans que je prétende m'y reſtreindre ».

Cette paix de Weſtphalie tant deſirée, ſe fit enfin, à la ſatisfaction réciproque de la plupart des Puiſſances intéreſſées, mais au grand mécontentement d'Innocent X. Ce Pape auroit voulu trouver à la fois dans la paix, deux avantages incompatibles; l'abaiſſement de la Maiſon d'Autriche, qu'il deſiroit comme Prince temporel, & l'affoibliſſement des Proteſtants, qu'il ſouhaitoit comme Souverain Pontife; il publia une Bulle, où il refuſoit le titre de Reine de Suède à Chriſtine pour la punir d'avoir trop influé dans l'ouvrage de la paix. Une telle démarche eût été bonne au douzième ſiècle, lorſque les Princes croyoient avoir beſoin, pour l'être, de Brefs & de bénédictons; elle venoit trop tard, cinq cents ans après. Le Nonce fit afficher à Vienne la

Bulle de ſon Maître ; l'Empereur la fit arracher, Innocent ſe tut, & il n'en fut plus queſtion.

L'amour de Chriſtine pour la liberté, lui fit refuſer tous les partis qui ſe préſentoient pour elle, quoique pluſieurs fuſſent très-avantageux, & que la Suède la preſſât de ſe marier. Le Roi d'Eſpagne, Philippe IV, un de ceux qui aſpiroient à épouſer la Reine, s'en déſiſta bientôt, dans la crainte de ſe voir obligé par cette alliance à ne plus traiter les Proteſtants d'hérétiques. Celui de tous les prétendants qui parut le plus empreſſé, étoit Charles Guſtave, couſin de Chriſtine, Prince Palatin, à qui elle avoit été deſtinée dès l'enfance ; elle fut auſſi ſourde pour lui que pour ſes rivaux. Cependant, ſoit qu'il lui inſpirât moins de dégoût, ſoit qu'elle méditât dès-lors le deſſein d'abdiquer le trône, elle réuſſit à le faire déclarer par les Etats ſon ſucceſſeur. Par cette démarche, elle vint à bout de ſe conſerver libre, & d'aſſurer le repos de la Suède, & de prévenir auſſi l'ambition de quelques Maiſons Suédoiſes qui auroient pu, après ſa mort, diſputer la Couronne. On aſſigna à Charles Guſtave un certain revenu pour l'entretien de ſa Cour. Mais la Reine dit que c'étoit un ſecret de la famille Royale, de ne donner aucune

aucune terre à un Prince héréditaire ; ſecret qui ne mérite guère ce nom, & que les Princes deſpotiques les plus bornés auront toujours pour maxime. Chriſtine, par le même motif, éloigna toujours des affaires le Prince Charles Guſtave, pendant qu'elle gouverna la Suède ; quoiqu'elle aimât peu le trône, ſon génie indépendant ne vouloit rien qui la gênât, tant qu'il lui plairoit de l'occuper.

Ce fut dans ce temps là, qu'arrivèrent les troubles de la France, la guerre de la Fronde, cette guerre plus fameuſe par le ridicule qui la couvrit, que par les maux qu'elle penſa entraîner après elle, l'exil de Mazarin, ſon retour, ſon nouvel exil, l'empriſonnement des Princes, les aſſemblées bruyantes du Parlement, qui rendoit des Arrêts pendant qu'on donnoit des batailles, & décrétoit des armées de priſe de corps. L'amour de Chriſtine pour la tranquillité, la crainte que cette guerre civile ne fût l'occaſion d'une nouvelle guerre au dehors, & peut-être le goût qu'elle avoit toujours conſervé pour le Prince de Condé, l'engagèrent à prendre part à ces troubles ; elle écrivit à la Reine Anne d'Autriche, au Duc d'Orléans, aux Princes, au Parlement même des lettres qui n'eurent d'autre effet que d'attirer à ſon Réſident des plaintes de la France, & des réprimandes de ſa part, quoiqu'il n'eût fait que ſuivre ſes ordres. Ces troubles, qui avoient commencé ſans elle, finirent bientôt ſans ſa médiation. Le Parlement qui avoit été ſur le point de traiter avec cette Princeſſe, fut exilé à Pontoiſe, & trop heureux d'en revenir pour complimenter, quelques années après, ce même Cardinal dont il avoit mis la tête à prix. Le Prince de Condé, fugitif chez les Eſpagnols, perdit tout, excepté ſa gloire; & Mazarin reſta maître juſqu'à ſa mort, de la Reine, du Roi & de l'Etat.

L'amour que Chriſtine avoit ou affectoit pour les Hommes illuſtres, lui fit ſouhaiter d'attirer auprès d'elle le célèbre Deſcartes, le reſtaurateur de la Philoſophie, ignoré en France ſa patrie, pour avoir été plus occupé des Sciences que de ſa fortune, mis à l'index à Rome, pour avoir cru ſur le mouvement de la terre les obſervations Aſtronomiques plutôt que les Bulles des Papes; & perſécuté en Hollande pour avoir ſubſtitué au jargon des Scolaſtiques la vraie méthode de philoſopher. Chriſtine, charmée de quelques écrits de ce grand Homme, lui avoit fait propoſer pluſieurs de ces queſtions de

Morale, que les Philosophes agitent depuis long-temps, sans qu'elles soient décidées, & sans que les hommes en soient meilleurs & plus heureux. Telle étoit entr'autres, celle du souverain bien, que Descartes faisoit consister dans le bon usage de notre volonté ; par la raison, disoit-il, que les biens du corps & de la fortune, & même nos connoissances, ne dépendent pas de nous ; comme si le bon usage de notre volonté étoit moins soumis que le reste à l'Être tout-puissant. Cette solution, toute insuffisante qu'elle étoit, plut assez à Christine, pour qu'elle souhaitât ardemment d'en voir l'Auteur, comme un homme qu'elle croyoit heureux, & dont elle envioit la condition. M. Chanut, Ambassadeur de France en Suède, & ami du Philosophe, fut chargé de cette négociation, dans laquelle il eut d'abord de la peine à réussir. La différence des climats étoit une des raisons principales qui détournoit Descartes de ce voyage. Il écrivit à son ami : « qu'un homme né dans les jardins de la Touraine, » & retiré dans une terre où il y avoit moins de » miel, à la vérité, mais peut-être plus de lait que » dans la terre promise aux Israélites, ne pouvoit » pas aisément se résoudre à la quitter pour aller

» vivre au pays des ours, entre des rochers & des » glaces ». Cette raiſon étoit très-ſuffiſante pour un Sage, à qui la ſanté ne pouvoit être trop précieuſe, parce que c'eſt un des biens qui ne dépendent point des autres hommes. Mais ne ſeroit-il pas permis de croire que Deſcartes, ami de la ſolitude comme il l'étoit, & voulant chercher à ſon aiſe la vérité, redoutoit un peu l'approche du trône? Un Prince a beau être Philoſophe, ou affecter de l'être, la Royauté forme en lui un caractère ineffaçable, toujours à craindre pour ceux qui l'approchent, & incommode pour la Philoſophie, quelque ſoin que le Monarque prenne de la raſſurer. Le Sage reſpecte les Princes, les eſtime quelquefois, & les fuit toujours (1). Nous ſommes l'un pour l'autre un aſſez grand théâtre, écrivoit Deſcartes à un Philoſophe comme lui, qu'il exhortoit à venir partager ſa retraite, dans le temps où Chriſtine vouloit l'en faire ſortir.

Cependant, comme l'amour même de la liberté

(1) S'il y a des exceptions à cette règle, heureux le Souverain pour qui elles ſont faites! Socrate, accuſé par Anitus devant l'Aréopage, ſe fût refugié auprès de Marc-Aurele, s'il eût vécu de ſon temps.

ne résiste guère aux Rois quand ils insistent, Descartes se rendit bientôt après à Stockholm, dans la résolution, ainsi qu'il le disoit lui-même, de ne rien déguiser à cette Princesse de ses sentiments, ou de s'en retourner philosopher dans sa solitude. On voit par ses Lettres, qu'il fut très-satisfait de l'accueil que lui fit la Reine; elle le dispensa de tous les assujettissements des Courtisans, mais ce fut pour lui en imposer d'autres qui dérangèrent tout-à-fait sa manière de vivre, & qui joints à la rigueur du climat, le conduisirent au tombeau au bout de quatre mois. Descartes trouvoit à Christine beaucoup d'esprit & de sagacité; néanmoins, il paroît que le goût dominant du Philosophe fut toujours pour la malheureuse Princesse Palatine, sa première Disciple; soit que les malheurs qu'il avoit éprouvés lui-même redoublassent son attachement pour elle; soit qu'il lui trouvât plus de lumières, ou de cette docilité qui est le premier hommage pour un chef de Secte. Cette préférence qu'il laissa apparemment entrevoir, causa à Christine un peu de jalousie.

Descartes, qui en renonçant à tout autre avantage, avoit conservé l'ambition des Philosophes, le desir de voir adopter exclusivement ses opinions

& ſes goûts, n'approuvoit point que Chriſtine partageât ſon temps entre la Philoſophie & l'étude des Langues. Il ſe trouvoit mal à ſon aiſe au milieu de cette foule d'Erudits dont Chriſtine étoit environnée, & qui faiſoit dire aux Etrangers, que bientôt la Suède alloit être gouvernée par des Grammairiens. Il oſa même lui faire, ſur ce point, des repréſentations aſſez libres & aſſez fortes pour ſe brouiller ſans retour avec le Maître de Grec de la Reine, le ſavant Iſaac Voſſius, ce Théologien incrédule & ſuperſtitieux, de qui Charles II, Roi d'Angleterre, diſoit qu'il croyoit tout excepté la Bible. Les repréſentations de Deſcartes n'empêchèrent pas la Reine d'apprendre le Grec; mais elles ne changèrent rien aux ſentiments qu'elle avoit pour lui. Elle prenoit ſur ſon ſommeil le temps qu'elle lui donnoit; elle voulut le faire Directeur d'une Académie qu'elle ſongeoit à établir; enfin elle lui marqua tant de conſidération, qu'on prétendit que les Grammairiens de Stockholm avoient avancé par le poiſon la mort du Philoſophe. Mais cette manière de ſe défaire de ſes ennemis, dit Sorbière, eſt un honneur que les Gens de Lettres n'envient pas aux Grands.

Néanmoins quelque paſſionnée que Chriſtine ſe ſoit montrée pour la Philoſophie de Deſcartes, il n'y a nulle apparence, comme quelques-uns l'ont cru, qu'elle l'ait conſulté ſur les affaires politiques. Elevée comme elle l'étoit, à la meilleure école de l'Europe en ce genre, c'eſt-à-dire, dans le Sénat de Suède, quel ſecours auroit-elle pu tirer d'un Philoſophe, qui par ſa conduite en Hollande avoit montré combien peu il ſavoit traiter avec les hommes, & qu'une retraite de trente ans avoit empêché de les connoître ? On a même prétendu qu'elle montra auſſi peu de zèle pour les opinions de Deſcartes, qu'elle avoit témoigné d'eſtime pour ſa perſonne, & que le fruit qu'elle retira de l'étude de la Philoſophie, fut de ſe perſuader qu'en ce genre, *les ſottiſes anciennes valoient bien les nouvelles.*

Chriſtine eut bientôt dans ſes Etats des affaires plus importantes que l'étude du Grec, des idées innées & des tourbillons. La réſolution qu'elle avoit priſe de ne ſe point marier, allarmoit des peuples qui craignoient de manquer de maître. L'épuiſement des finances dérangées par ſes profuſions cauſoit un mécontentement général ; ce fut alors qu'elle penſa pour la première fois à deſcendre du trône. Elle se rendit en plein Sénat, déclara le dessein qu'elle avoit formé, & le fit savoir par lettres au Prince Charles Gustave. Celui-ci, assez habile pour dissimuler, & craignant peut-être que la Reine ne fît sur son successeur une tentative dangereuse, rejeta les offres de Christine, pria Dieu & la Suède de la conserver long-temps, & se para avec beaucoup d'ostentation de sentiments qu'il n'avoit guère. La solitude où ce Prince affectoit de vivre après avoir accepté la succession, la précaution qu'il avoit prise de s'éloigner de la Cour, enfin l'extrême circonspection qu'il mettoit dans tous ses discours & dans toutes ses démarches, étoient pour les moins clair-voyants une preuve du desir qu'il avoit de parvenir au trône. Il se flattoit peut-être, que le Sénat acceptant la démission de Christine, lui procureroit l'avantage de régner, en lui laissant l'honneur de la modestie. Mais il fut trompé dans ses espérances. Soit que Christine eût simplement voulu calmer des Sujets mécontents, & s'affermir sur le trône par leur suffrage; soit qu'elle vît son abdication jugée moins favorablement par les étrangers qu'elle ne s'y attendoit, soit enfin qu'après avoir voulu quitter le trône par vanité, elle voulût

voulût le conserver par caprice, elle se rendit ou fit semblant de se rendre aux sollicitations de son Successeur & de ses Sujets.

Christine écrivit l'année suivante 1652, à M. Godeau, Evêque de Vence, dont nous avons tant de vers, & si peu de Poésie. Ce Prélat l'avoit louée par lettres; la Reine de Suède lui dit dans sa réponse : « Que les honnêtes gens de France, sont » si *accoutumés à louer*, qu'elle n'ose se plaindre » d'une coutume si générale, & qu'elle lui en est » même obligée ». Il paroît que le même Prélat avoit marqué dans sa lettre quelqu'envie de convertir la Reine. En remerciant l'Evêque de ses bonnes intentions, elle lui souhaite le bonheur de penser comme elle, & paroît surprise qu'on puisse être si éclairé & ne pas être Luthérien. Elle se montra aussi peu Catholique dans une lettre qu'elle écrivit vers le même temps, au Prince Frédéric de Hesse, pour le détourner d'embrasser la Religion Romaine. Ces deux lettres devroient surprendre de la part d'une Princesse qui se fit Catholique un an après, si l'on ne savoit combien peu de temps il faut aux hommes, & sur-tout aux Princes, pour changer dans leurs opinions comme dans leurs goûts. Un Auteur Proteſtant qui a parlé de ces deux lettres, remarque avec plus de malignité que d'eſprit, que l'heure de la grace n'étoit pas encore venue : on pourroit dire avec plus de raiſon, que peut-être Chriſtine n'avoit pas encore été aſſez tourmentée par les Miniſtres pour prendre leurs dogmes en averſion. Car telle eſt l'injuſtice incroyable des hommes, que de la haine des Miniſtres à celle du culte qu'ils prêchent il n'y a qu'un pas ; commence-t-on à ſe détacher d'eux, ce qui étoit reſpectable devient indifférent ; abuſent-ils de leur pouvoir, ce qui n'étoit qu'indifférent ceſſe de l'être. Cette Logique n'eſt ſans doute ni ſolide ni équitable : mais c'eſt la Logique des paſſions ; il faut les ménager comme on fait un malade ; & le plus sûr moyen d'apprendre aux hommes à être juſtes, c'eſt de commencer par l'être à leur égard.

Au reſte, ſi on examine les raiſons même que Chriſtine propoſoit au Prince de Heſſe pour reſter dans ſa Religion, il eſt facile de juger qu'elle avoit pour la ſienne, un aſſez grand fond d'indifférence. Quoique Luthérienne, & par conſéquent preſqu'auſſi éloignée du Calviniſte que de l'Egliſe Romaine, elle exhorte néanmoins ce Prince Calviniſte à ne point changer. Elle paroît méprifer cette fureur ftupide avec laquelle des hommes qui fe difoient fages, ont tant écrit fur des chofes qu'il ne falloit que croire. « Je laiffe, dit-elle, à ceux qui » font profeffion de traiter les controverfes, à » s'égorger là-deffus, felon leur plaifir ». Elle ne préfente au Prince de Heffe, que les motifs de l'honneur, de la conftance, de l'avantage de fa Maifon & de fes Etats ; motifs peu dignes de balancer l'intérêt de la vraie Religion, mais proportionnés à la vanité & à la foibleffe humaine.

Les libéralités de Chriftine prodiguées avec peu de difcernement & de mefure, lui attirèrent bientôt des panégyriques de tous les Savants de Suède & des pays étrangers. Son Hiftorien en compte deux cents, qui font oubliés aujourd'hui comme prefque tous les panégyriques des Princes, faits de leur vivant. Celui de Trajan, par Pline le jeune, prononcé devant l'Empereur en plein Sénat, eft prefque le feul qui foit refté ; le nom de l'Orateur, & l'idée que nous donne fon Ouvrage de l'éloquence de ce temps-là, ont encore moins contribué à le conferver, que les vertus du Prince qui en étoit l'objet. Ce n'eft point l'Ouvrage qui a immortalifé le Monarque ; c'eſt le Monarque qui a fait paſſer l'Ouvrage à la poſtérité ; peut-être même, ce panégyrique eût-il fait tort à Trajan, ſi, à force de le mériter, il n'eût fait oublier la foibleſſe qu'il avoit eue de l'entendre.

Je paſſe ſous ſilence toutes les marques de bonté que Chriſtine donna à Saumaiſe, cet homme ſi ſavant & ſi déſagréable, qui en apprenant tant de choſes, avoit auſſi appris à interpréter les ſonges ; la viſite que Chriſtine lui rendit, la lecture qu'ils firent enſemble, du *moyen de parvenir*, le combat à coup de poing entre Meſſieurs Bourdelot & Meibom, & d'autres anecdotes auſſi intéreſſantes. Je paſſe ſous ſilence auſſi les noms de tous les Savants que Chriſtine attira dans ſes Etats, ou qu'elle y trouva, & ſon commerce épiſtolaire avec eux. Elle eût mieux fait de ne pas tant écrire de lettres de compliments aux Savants, & d'envoyer un peu plus de lettres de change à Nicolas Heinſius, qu'elle avoit chargé de lui acheter des livres, des manuſcrits & des médailles, & qui ne put jamais parvenir à être rembourſé de ſes avances. Néanmoins l'Hiſtorien de Chriſtine entreprend de la juſtifier ſur cet article même, & fait preſque un crime à Heinſius de s'être plaint. Les Monarques ſont aſſez dans l'uſage de ſe manquer de bonne foi entre eux ; mais il ne leur eſt pas encore permis d'étendre cette règle aux particuliers.

Ce qu'il y a de plus remarquable dans les lettres dont il eſt queſtion, c'eſt l'offre que Chriſtine fit à Scuderi, ſi l'on en croit un Auteur moderne, de recevoir la dédicace de ſon Alaric, en y joignant un préſent conſidérable, à condition qu'il effaceroit de ce Poëme l'éloge de M. de la Gardie, qui avoit encouru la diſgrace de la Reine ; Scuderi répondit à cet offre, qu'il ne détruiroit jamais l'autel où il avoit ſacrifié. Une réponſe ſi noble fait regretter que le Poëme d'Alaric n'ait pas été meilleur.

Parmi les Savants que Chriſtine accueilloit, on ne trouve pas un ſeul Anglois. Cette Nation, devenue depuis ſi fameuſe & ſi féconde en grands Génies, étoit alors agitée de troubles & de guerres civiles peu favorables aux Lettres. Elle venoit de faire couper la tête à Charles Ier, & ne ſongeoit guère qu'à ſa liberté, à ſon agrandiſſement, & à ſon commerce. L'exécution récente de ce Prince faiſoit beaucoup de bruit en Suède : pluſieurs ne trouvoient pas mauvais, dit M. Chanut, Ambaſſadeur de France, qu'il y eût un exemple public d'un Roi dépouillé de ſon autorité, pour avoir violé le contrat fait avec ſes Sujets; mais tous généralement blâmoient l'excès d'injuſtice & de fureur où la Nation s'étoit portée. Il n'eſt guère vraiſemblable que Chriſtine apprenant cette nouvelle, ait tenu ce diſcours qu'on lui attribue. « Les Anglois ont fait » couper la tête à leur Roi, qui n'en faiſoit rien, » & ils ont bien fait ». Comment concilier ce diſcours, avec la lettre qu'elle écrivit en même temps au fils de l'infortuné Monarque; lettre dans laquelle elle ſe récrie contre cet Arrêt d'un Parlement ſanguinaire? L'horreur que Chriſtine en conçut, fut une des cauſes qui retardèrent la concluſion du traité que l'Ambaſſadeur de Cromwel négocioit alors auprès d'elle. Cet Ambaſſadeur qui ne vint à bout de ſon entrepriſe qu'avec beaucoup de peine & de temps, ſe plaignit qu'on ne lui parloit à ſes audiences que de Philoſophie, de divertiſſements & de ballets.

De tous les Miniſtres étrangers qui étoient à la Cour de Suède, Pimentel, Miniſtre d'Eſpagne, étoit celui que la Reine aimoit le plus. A la première audience qu'il eut de Chriſtine, il ſe retira ſans dire un ſeul mot, & lui avoua le lendemain qu'il avoit été interdit de la majeſté qui brilloit dans toute ſa perſonne. On peut juger s'il plut. Pimentel, Miniſtre habile, profita de ce premier avantage pour gagner la confiance de la Reine ; il découvrit bientôt en elle, beaucoup d'amour pour la nouveauté, de prévention pour les derniers venus, & de facilité à dire ſon ſecret, dès qu'elle avoit accordé ſes bonnes graces. Mais la faveur de Pimentel, trop utile à l'Eſpagne, donna à la France & à la Suède même, tant d'ombrage, que Chriſtine fut bientôt obligée de le congédier.

Nous voici arrivés au moment où elle abdiqua la Couronne. Le deſſein qu'elle en avoit eu quelques années auparavant, ſe réveilla en elle avec tant de force, que rien ne put l'en diſſuader. Il y a apparence que le dégoût pour les affaires, & l'envie d'être libre, furent les principaux motifs qui l'y déterminèrent. « Je n'entends toujours que la même choſe, » diſoit-elle, en parlant des affaires ; je vois bien » qu'il faut que je me remette à l'étude, & à la » converſation des Savants». Elle croyoit, pour employer une de ſes expreſſions, *voir le diable*, quand ſes Secrétaires entroient pour lui faire ſigner des

dépêches ; & l'ennui du gouvernement lui caufa une mélancolie fi affreufe qu'on appréhenda que fon efprit ne s'en affoiblît. Elle écrivit enfin à M. Chanut, fur la réfolution qu'elle avoit prife. Les difcours que fa démarche alloit faire tenir, ne paroiffent pas l'occuper beaucoup. « Je ne m'inquiète point, lui écrit-
» elle, du *plaudite* ; il eft difficile qu'un deffein mâle
» & vigoureux, plaife à tout le monde ; je me con-
» tenterai d'un feul approbateur ; je me pafferai même
» d'en avoir. Que j'aurai de plaifir à me fouvenir
» d'avoir fait du bien aux hommes » ! Pourquoi donc vouloit-elle ceffer de leur en faire ?

On a parlé fort diverfement de l'abdication de Chriftine ; elle auroit été plus généralement approuvée (fans le mériter peut-être) fi la converfion de cette Princeffe, qui arriva peu de temps après, n'avoit animé contre elle les ennemis de l'Eglife Romaine. Car, en général, on eft toujours affez porté à louer les Souverains qui defcendent du trône ; on a fi peu d'idées des devoirs immenfes d'un Prince, qu'on regarde fon abdication comme un facrifice éclatant. Précipiteroit-on ainfi fon jugement, fi l'on vouloit approfondir ce que le nom de Monarque impofe à celui qui le porte ? Efclave de la juftice justice & de la décence, obligé d'observer le premier les loix dont il est le dépositaire ; il est comptable envers l'Etat, de tout le mal qui se fait sous son nom, & de tout le bien qui ne se fait pas. Combien peu de Rois voudroient l'être, à condition de l'être en effet ? Si donc, un Prince possède les talents nécessaires pour gouverner, c'est un crime de les rendre inutiles par une démission volontaire. Il n'auroit d'excuse qu'en se donnant un successeur capable de le remplacer ; mais outre qu'un tel successeur est bien rare, c'est souvent un motif tout contraire qui a déterminé quelques Princes, parce qu'ils n'aimoient que leur gloire, & nullement les hommes. A l'égard des Rois qui ne quittent le trône que par défaut de capacité, ils ne font en cela que s'acquitter d'un devoir essentiel. Cependant il est certains devoirs qu'il faut tenir compte aux hommes, de remplir, lorsqu'en les remplissant ils renoncent à de grands avantages. Le devoir dont nous parlons, est de ce nombre, & les Princes qui ont quitté le trône mériteroient des éloges, si cette démarche avoit été le fruit de la justice qu'ils se rendoient, & du peu de talents qu'ils se sentoient pour régner. Mais la plupart n'ont pas même eu l'avantage de faire cette action juste par un motif louable. L'amour de l'oisiveté, le desir de satisfaire en paix à des goûts vils ou subalternes, sont presque toujours les principes de leur abdication. Ils croient que rien ne leur manque pour régner, que la volonté; aussi cette volonté renaît-elle souvent en eux après leur retraite pour en être le tourment. Un des plus grands avantages que les Princes puissent se procurer en descendant du trône, c'est de s'assurer, par ce moyen, de la réalité des éloges qu'on leur a prodigués dans le temps de leur pouvoir, de voir éclipser les flatteurs, & de se trouver seuls avec leur vertu, s'ils sont assez heureux pour en avoir. Mais il n'y a pas d'apparence qu'un tel avantage flatte beaucoup les Souverains, & l'exemple des Rois qui se privent volontairement de leurs courtisans, n'est pas contagieux.

On assure que Christine, avant que d'abdiquer la Couronne, eut dessein de faire avec le Prince Charles Gustave, une espèce de traité qui eût été trop onéreux pour ce dernier. Elle vouloit se réserver la plus grande partie du Royaume, être absolument indépendante, avoir la liberté de voyager ou de rester en tel endroit de Suède qu'il lui plairoit; enfin elle prétendoit que ſon ſucceſſeur ne fît aucun changement dans les places qu'elle auroit données. Charles qui avoit cherché d'abord à diſſuader Chriſtine de ſon abdication, mais qui apparemment la voyoit alors en ſituation de ne plus reculer, rejetta ces conditions, & répondit qu'il ne vouloit pas être un Roi titulaire. Chriſtine ayant appris ſa réponſe, dit qu'elle ne lui faiſoit ces propoſitions que pour connoître ſon caractère, qu'elle voyoit à préſent combien Charles Guſtave étoit digne de régner, puiſqu'il connoiſſoit ſi bien les droits d'un Monarque : ce compliment forcé de Chriſtine à ſon ſucceſſeur, étoit-il bien ſincère ?

Charles Guſtave, pour témoigner à la Reine ſa reconnoiſſance, fit frapper alors une médaille, dont la légende diſoit, qu'il tenoit le trône de Dieu & de Chriſtine ; cette médaille déplut aux Etats, qui prétendoient, avec raiſon, que c'étoit par leur choix qu'il étoit parvenu au trône. On ne peut nier, puiſque la Religion nous l'enſeigne, que l'autorité légitime des Rois ne vienne de Dieu ; mais c'eſt le conſentement des peuples qui eſt le ſigne viſible de cette autorité légitime, & qui en aſſure l'exercice.

Le Clergé vouloit obliger Chriſtine à reſter en

Suède, de crainte qu'elle ne changeât de Religion ; comme si cette Princesse, après avoir fait le sacrifice du trône à sa liberté, n'eût pas acquis le droit d'user de cette liberté toute entière, & n'eût pu aller à la Messe à Stockholm sans troubler l'Etat. Mais, soit que la Reine voulût se mettre à l'abri des persécutions Ecclésiastiques, si redoutables pour les Souverains même qui ont le pouvoir en main, soit qu'elle eût pris dès-lors la résolution d'aller passer le reste de ses jours hors de son Pays, elle quitta la Suède peu de jours après son abdication, & fit graver une médaille, dont la légende étoit : *que le Parnasse vaut mieux que le trône ;* médaille qui fait aussi peu d'honneur à ses sentiments, que la légende en fait peu à son goût. Quand elle fut arrivée sur la frontière de Suède à un petit ruisseau qui séparoit alors le Danemarck de ce Royaume : « me voilà enfin en liberté, dit- » elle, & hors de Suède où j'espère ne retourner » jamais ». Charles Gustave lui fit offrir encore son cœur & sa main ; mais elle répondit qu'il n'étoit plus temps.

Travestie en homme durant une partie de son voyage, elle traversa le Danemarck & l'Allemagne, peu occupée des discours que son abdication faisoit tenir, & montrant sur cela une Philosophie supérieure à celle qui l'avoit portée à cette abdication même. Le Prince de Condé se trouvant à Bruxelles lorsque Christine y passa, demanda où étoit cette Reine, qui avoit si facilement abandonné la Couronne, pour laquelle *nous autres*, disoit-il, *nous combattons, & après laquelle nous courons tout le temps de notre vie sans pouvoir l'atteindre.* Ses ennemis prétendoient que dès son arrivée à Bruxelles, elle commençoit déjà à se repentir d'avoir abdiqué : le bruit s'en répandit en Suède ; & le grand Chancelier Oxenstiern, alors au lit de la mort, ne put s'empêcher de dire : « Je lui ai prédit » qu'elle se repentiroit de cette démarche ; mais » c'est toujours la fille de Gustave ». Ce furent les dernières paroles de ce grand Homme.

Déjà Christine préparoit son changement de Religion, en visitant tous les Monastères & toutes les Eglises qui se trouvoient sur sa route, sur-tout lorsque ces bâtiments renfermoient quelques curiosités particulières. Enfin, après avoir embrassé la Religion Catholique à Bruxelles, elle abjura publiquement le Luthéranisme à Inspruck, & prit cette devise assez peu dévote : *Fata viam invenient*, les destins dirigeront ma route.

Cette action fut pour les Catholiques un grand triomphe ; comme si la manière de penser de cette Princesse eût ajouté quelque nouveau degré de force aux preuves sur lesquelles la Religion Romaine est fondée ; & comme si on ne pouvoit pas embrasser une Religion vraie par des motifs purement humains. Les Protestants, au contraire, ont témoigné avec aussi peu de raison un grand désespoir de cette démarche. Ils ont prétendu que Christine, indifférente pour toutes les Religions, n'en avoit changé que par convenance, pour vivre plus à son aise en Italie, où elle comptoit se retirer, & jouir des Arts que ce pays renferme. Ils allèguent pour preuve de cette indifférence, quelques lettres ou quelques discours de Christine, dont il faudroit que la vérité fût bien attesté pour qu'on pût en rien conclure. On prétend, par exemple, que les Jésuites de Louvain lui promettant une place auprès de Sainte Brigitte de Suède, elle répondit : *J'aime bien mieux qu'on me mette entre les Sages.* On ne peut nier, & une expérience trop malheureuse le prouve, qu'il est bien rare d'embrasser par conviction une

Religion dont les principes n'ont pas été gravés en nous dès l'enfance. L'intérêt eſt ſi ſouvent le motif d'un tel changement, que les honnêtes gens refuſent preſque toujours leur eſtime à ceux même qui abjurent une Religion fauſſe, pour peu qu'ils ſoient ſoupçonnés d'avoir eu d'autres vues dans ce changement que l'amour de la vérité. Si Chriſtine s'eſt faite Catholique pour voir plus à ſon aiſe des ſtatues, elle ne mérite pas d'en avoir une; & ſi elle a renoncé pour des tableaux à faire du bien à ſes peuples, elle eſt au-deſſous des plus mépriſables Monarques.

Il eſt certain que pendant ſon ſéjour à Rome, elle témoigna beaucoup de goût pour les ouvrages des grands Maîtres dont cette ville eſt remplie. Un jour qu'elle admiroit une ſtatue de marbre, du Cavalier Bernin, qui repréſentoit la Vérité; un Cardinal qui étoit près d'elle, en prit occaſion de lui dire qu'elle aimoit plus la vérité que les autres Princes : *Toutes les vérités*, répondit-elle, *ne ſont pas de marbre.*

Son changement de Religion fut funeſte à l'Evêque Jean Matthiœ, ſon Précepteur, Luthérien modéré & pacifique, qui avoit propoſé pluſieurs projets pour la réunion des Eglises Proteſtantes. Les Réformés qui reprochent tant l'intolérance à l'Egliſe Romaine, ne haïſſent la perſécution que quand elle les regarde, & nullement quand ils l'exercent. Mathiœ accuſé, quoique ſans raiſon, d'avoir eu part à la prétendue apoſtaſie de Chriſtine, fut dépoſé de ſon Evêché par les Etats du Royaume.

Cette Princeſſe qui n'avoit jamais eu de goût pour la France, en prit tout-à-coup, à l'occaſion de quelques mauvais diſcours que tinrent d'elle des domeſtiques Eſpagnols qu'elle avoit renvoyés. On voit, par là, que ſon amour & ſa haine n'étoient pas difficiles en motifs. Ce goût pour la France devint ſi grand, qu'elle prit bientôt la réſolution d'y aller faire un voyage ; & de montrer à cette Nation paſſionnée pour la Monarchie, une Reine qui avoit quitté le trône pour philoſopher. Elle eſſuya, en traverſant les villes de France, toutes les harangues & tous les honneurs auxquels les Souverains ſont condamnés. Quoique nouvellement rentrée dans le ſein de l'Egliſe, Chriſtine, toujours femme & Princeſſe, reçut aſſez mal un Orateur qui l'entretint des jugements de Dieu & du mépris du du monde. Elle arriva enfin à Fontainebleau ; & étonnée du cérémonial de la Cour, elle demandoit pourquoi les Dames montroient tant d'empreſſement à la baiſer : eſt-ce, diſoit-elle, parce que je reſſemble à un homme ?

La célèbre Ninon, qu'elle voulut voir en paſſant à Senlis, fut la ſeule de toutes les femmes Françoiſes à qui elle donna des marques d'eſtime. Cette perſonne ſingulière, qui par ſon eſprit, par ſa manière de penſer & par ſa conduite même, étoit parvenue à jouer avec beaucoup de conſidération le rôle de Courtiſanne, étoit plus propre qu'aucune autre femme à frapper l'eſprit d'une Princeſſe auſſi ſingulière qu'elle. Il faut louer Ninon de l'accueil qu'elle reçut ; mais il ne faut pas blâmer Chriſtine.

De Fontainebleau elle fut à Paris, où, après avoir été complimentée par tous les Corps, elle eſſuya, de nouveau, de longs & triſtes feſtins qu'on lui donna, & juſqu'à des Tragédies de collége, dont elle ſe moqua plus hardiment. Elle ſe vengea ſur elles de l'ennui que tout cet attirail de cérémonies & de réception lui avoit cauſé.

Chriſtine vit à Paris beaucoup de Savants, reçut

des Pièces de vers ſans nombre, & les apprécia ce qu'elles valoient. Elle avoit conçu depuis long-temps beaucoup d'eſtime pour le fameux Ménage, qui nous a laiſſé dans ſes Ecrits tant de choſes frivoles parmi quelques-unes d'utiles. Dans ſon voyage de Suède à Rome, elle lui avoit écrit en paſſant par Bruxelles de la venir trouver; elle lui marquoit qu'elle avoit fait la moitié du chemin, & que c'étoit à lui à faire le reſte. Ménage ne jugea pas à propos de ſe déplacer pour la ſatisfaction d'une Reine qui ne l'étoit plus. Elle ne lui en ſut pas mauvais gré; car dès qu'elle fut arrivée à Paris, comme elle n'y cherchoit que les Hommes célèbres par leurs talents, elle donna à Ménage, la place d'Introducteur auprès d'elle; place qu'un Savant poſſédoit pour la première & apparemment pour la dernière fois. Comme c'étoit une eſpèce de titre de célébrité que d'avoir été préſenté à la Reine, Ménage ne pouvoit ſuffire à tous ceux qui l'en prioient, & ne refuſoit perſonne : ce qui fit dire à Chriſtine, que ce M. Ménage connoiſſoit bien des gens de mérite.

Elle eut plus lieu d'être ſatisfaite de Paris que de la Cour, où elle n'avoit que très-peu réuſſi.

Les femmes & les courtiſans ne purent goûter une Princeſſe qui s'habilloit en homme, qui bruſquoit les flatteurs, qui faiſoit compliment ſur leur mémoire à ceux qui vouloient l'amuſer par de jolis contes, & dont l'eſprit enfin avoit quelque choſe de trop mâle pour des êtres frivoles, auprès deſquels toutes ſes connoiſſances lui étoient inutiles. Ceux qui croyoient la mieux connoître, la comparoient au château de Fontainebleau, grand, mais irrégulier. On ne ſera pas étonné du peu d'accueil qu'elle reçut, quand on ſonge au peu d'impreſſion que fit en 1717 ſur cette même Cour le Czar Pierre le Grand, bien ſupérieur à Chriſtine; la plupart des Courtiſans ne virent dans ce Monarque qu'un étranger qui n'avoit pas les manières de leur pays, & nullement un Souverain plein de génie qui voyageoit pour s'inſtruire, & qui avoit quitté le trône pour s'en rendre digne. Il ſemble que notre Nation ait porté plus loin que les autres cette attention ſubalterne dont parle Tacite, qui cherche la réputation des grands Hommes dans leur contenance, & s'étonne de ne l'y pas démêler.

Chriſtine avoit pris tant de goût pour la France, qu'à peine retournée en Italie, elle jugea à propos de faire dans ce Royaume un second voyage. On crut que des vues politiques l'y amenoient ; mais ce voyage ne fut remarquable que par la mort tragique de Monaldeschi, son grand Ecuyer, qu'elle fit, comme l'on sait, assassiner presque en sa présence à Fontainebleau dans la galerie des Cerfs. Les circonstances de cette mort sont assez connues ; mais ce qui l'est moins, & ce qui doit paroître encore plus étrange que la barbarie de Christine, ce sont les dissertations qu'écrivirent de savants Jurisconsultes pour la justifier. Ces dissertations, triste monument de la flatterie des Gens de Lettres envers les Rois, font la honte de leurs Auteurs sans être l'apologie de celle qui en fut l'objet. Je suis fâché, pour la mémoire de Leibnitz & pour l'humanité, de trouver le nom de ce grand Homme parmi les défenseurs d'un assassinat ; & je suis encore plus surpris de l'injustice qu'il fait à la Cour de France, en assurant que si on y fut blessé de l'action de Christine, c'est uniquement parce qu'on n'y avoit plus le même goût pour elle. La postérité trouvera bien étrange qu'au centre de l'Europe, dans un siècle éclairé, on ait agité sérieusement, si une Reine qui a quitté le trône, n'a pas conservé le droit de faire égorger ſes domeſtiques ſans autre forme. Il auroit fallu demander plutôt, ſi Chriſtine ſur le trône même de Suède, auroit eu ce droit barbare ; queſtion qui eût bientôt été décidée au tribunal de la Loi Naturelle & des Nations. L'Etat dont la conſtitution doit être ſacrée pour les Monarques, parce qu'il ſubſiſte toujours tandis que les Sujets & les Rois diſparoiſſent, a intérêt que tout homme ſoit jugé ſuivant les Lois. C'eſt l'intérêt des Princes même, dont les Lois ſont la force & la ſûreté. L'humanité leur permet quelquefois d'en adoucir la rigueur en pardonnant; mais jamais de s'en diſpenſer pour être cruels. Ce ſeroit faire injure aux Rois que d'imaginer que ces principes puſſent les offenſer, ou qu'il fallût même du courage pour les réclamer au ſein d'une Monarchie. Ils ſont le cri de la Nature. Des maximes ſi vraies & ſi bien gravées dans le cœur de tous les hommes, nous diſpenſent de décider à quel tribunal Chriſtine, deſcendue du trône, devoit faire juger Monaldeſchi ; ſi c'étoit à celui de la Suède, ou de Rome, ou de la France. Peu importoit à quel tribunal, pourvu que ce ne fût pas au ſien.

Il paroît encore moins eſſentiel d'examiner quelle a pu être la raiſon de l'aſſaſſinat de Monaldeſchi ;

peut-être même, eſt-il néceſſaire pour l'honneur de Chriſtine de tirer le rideau ſur ce myſtère : il ſeroit affreux qu'une intrigue d'amour en eût été la cauſe, comme quelques Auteurs l'ont écrit. L'action de Chriſtine n'a pas beſoin d'un tel motif pour être odieuſe.

Dégoûtée de la France, où ce meurtre avoit inſpiré de l'horreur pour elle, elle voulut paſſer en Angleterre ; Cromwell qui gouvernoit alors ce Royaume avec un deſpotiſme beaucoup plus grand que celui dont il avoit fait punir ſon Roi, ne jugea pas à propos de la recevoir. Cet homme, auſſi habile politique que citoyen dangereux, craignoit d'expoſer le ſecret de ſes affaires aux regards perçans d'une femme qui paſſoit pour intriguante ; il ne pouvoit d'ailleurs ſe réſoudre à voir une Reine qui avoit quitté trois Couronnes pour une Religion qu'il haïſſoit, & ne jugeoit pas à propos d'employer l'argent de l'Angleterre à une réception ſi inutile. Auſſi Chriſtine ſe dégoûta bientôt de ce voyage ; elle ne fit que celui de l'Académie Françoiſe, où l'on n'eut rien de meilleur à lui donner qu'une traduction faite par Cotin, de quelques vers de Lucrèce contre la Providence, auxquels *le même oppoſa*, dit Patru, *une vingtaine de vers pour la ſoutenir.* Il n'eſt pas inutile de remarquer que dans la même aſſemblée on lut devant Chriſtine quelques articles du Dictionnaire, auquel l'Académie Françoiſe travailloit dès-lors; on tomba ſur le mot JEU, dans lequel ſe trouvèrent ces mots: JEUX *de* PRINCES, *qui ne plaiſent qu'à ceux qui les ſont.*

Enfin la Reine de Suède retourna à Rome, où elle ſe livra, dans la douceur de l'oiſiveté, à ſon goût pour les Arts & pour les Sciences, principalement pour la Chimie, les Médailles, & les Statues. Le Cardinal Azzolini, qui prit pour elle un goût que la médiſance ou la calomnie n'a pas épargné, rétablit le dérangement qui ſe trouvoit alors dans les finances de Chriſtine, tant par ſes profuſions, que par le peu d'exactitude de la Suède à lui payer la penſion dont on étoit convenu. Ce Cardinal Azzolini reſta ſon ami & ſon confident juſqu'à ſa mort. Auſſi, diſoit-on, qu'il n'y avoit que trois hommes qui euſſent arraché l'eſtime de la Reine, le Prince de Condé par ſon courage, le Cardinal de Retz par ſon eſprit, & le Cardinal Azzolini par ſes complaiſances. Au reſte, à en juger par le caractère de Chriſtine, il ne paroît pas qu'elle ait été fort portée, comme on l'a cru, au libertinage, ou même à l'amour. Une vanité assez mal entendue, étoit son caractère dominant.

Elle ne fut pas long-temps à Rome sans avoir des démêlés avec Alexandre VII, qui occupoit alors le saint Siége. Ce Pape, homme vain & minutieux, avoit déjà voulu se faire honneur de la conversion de cette Princesse, dont il n'avoit reçu qu'une seule lettre quand une fois elle eut pris sa résolution. La part que Christine paroissoit prendre aux intérêts de la France, mécontenta le Pontife qui n'aimoit pas Louis XIV ; mais la Reine qui connoissoit l'esprit d'Alexandre VII, & qui avoit intérêt de le ménager, alloit de temps en temps calmer ce Pape en recevant sa bénédiction dans les processions publiques ; elle alla jusqu'à se loger dans un Couvent pour donner moins d'ombrage au Pape, qui ne laissa pas de la faire épier par des Ecclésiastiques & des Moines. Ce séjour dans un Couvent fit croire qu'elle pensoit à se faire Religieuse : « La Reine Christine, » écrivoit à cette occasion Guy Patin, sera toute » sorte de métiers dans sa vie, si elle ne meurt » bientôt ; elle a déjà joué bien des personnages » différents, & fort éloignés de son premier état, lorsqu'on

» lorſqu'on l'appeloit la dixième Muſe & la Sibylle » du Septentrion ». Il eſt difficile de croire qu'une Princeſſe indignée contre le Souverain Pontife, ait voulu reſſerrer d'une manière ſi étrange les liens qui la mettoient dans la dépendance de Rome. Enfin les ſujets de mécontentement qu'elle avoit ou croyoit avoir, augmentèrent au point que le Roi Charles Guſtave étant mort, elle penſa à retourner en Suède. Ce voyage, dont on ignora les vrais motifs, fit beaucoup raiſonner les politiques; mais ne fut pas heureux. Les anciens ſujets de Chriſtine, oubliant tout ce qu'elle avoit fait pour eux, & tout l'amour qu'ils lui avoient témoigné autrefois, ne virent en elle qu'une femme qui les avoit quittés pour aller vivre dans une terre étrangère au ſein d'une Religion qu'ils regardoient comme funeſte à la Suède. La Meſſe qu'elle faiſoit dire aſſez librement dans ſon palais, ne déplut pas beaucoup à la Nobleſſe uniquement occupée de guerres & d'intrigues. Mais elle offenſa les deux Ordres extrêmes du Royaume, le Clergé dont elle bravoit l'autorité, & l'ordre des Payſans dont elle choquoit les préventions; ces deux Ordres refusèrent de lui aſſurer ſes revenus, perſuadés qu'il falloit croire à Luther pour être digne de vivre. Chriſtine eut beau dire que comme Souveraine, elle n'étoit reſponſable de ſes actions à perſonne ; on lui répondit qu'elle n'étoit pas la maîtreſſe d'annuller les conſtitutions fondamentales du Royaume. Les Etats firent abattre ſa chapelle, & congédièrent les Aumôniers Italiens qui l'avoient ſuivie. Elle n'étoit plus Reine que de nom, dit un Hiſtorien, & celui qu'elle avoit fait Roi, & qui ſe vantoit de tenir tout de Dieu & de Chriſtine, n'étoit plus.

Il y a apparence qu'elle ſe fût vengée de cette perſécution par une autre, ſi elle eût réuſſi dans le deſſein qu'elle montra pour lors de remonter ſur le trône. Mais ce deſſein n'aboutit qu'à un ſecond acte de renonciation auquel on l'obligea. Elle retourna donc à Rome ; en paſſant par Hambourg, elle y vit le célèbre Lambecius, qu'elle conſola par l'accueil qu'elle lui fit, des perſécutions qu'il eſſuyoit alors de la part des Théologiens Proteſtants de cette ville ; ces perſécutions allèrent au point qu'il ſe fit Catholique, pour ſe juſtifier de l'Athéiſme dont ſes ennemis l'accuſoient ; c'eſt-à-dire, qu'il changea de Religion pour prouver qu'il en avoit une.

Le ſiége de Candie, dont les Princes Chrétiens

étoient alors spectateurs, sans daigner secourir cette ville, ne parut pas aussi indifférent à la Reine de Suède; elle se donna de grands mouvements pour procurer aux Vénitiens des secours d'argent & de troupes; & ces mouvements, quoiqu'inutiles, furent si grands, qu'on les soupçonna d'être intéressés; tant la malignité humaine est habile à empoisonner sans fondement les actions les plus louables.

Peu de temps après arriva la fameuse affaire des Corses, dont le Roi de France tira une satisfaction si humiliante pour la Cour de Rome. Christine dans cette affaire eut tout à-la-fois l'honneur d'intercéder auprès du Roi pour le Pape qu'elle n'aimoit pas, & le plaisir d'intercéder inutilement. Le Pape qui auroit été fâché de lui devoir l'indulgence du Roi, & qui peut-être pénétroit dans ses motifs, se crut quitte de tout envers elle, parce qu'elle n'avoit point réussi; il continua à la ménager si peu, que lasse enfin de ne recevoir du Souverain Pontife que des dégoûts & des absolutions, elle prit sérieusement le parti de retourner encore en Suède. Pendant qu'elle faisoit sonder les Etats du Royaume sur cette démarche, elle s'occupoit dans Rome à la conversation des Gens de Lettres, & s'égayoit quelquefois à leurs dépens. Elle fit entr'autres frapper une médaille ſingulière, pour ſe divertir de l'embarras que leur cauſa la légende. Je ne ſais ſi ce plaiſir eſt fort convenable. Un Prince a tant d'intérêt d'aimer & de favoriſer les Lettres, qu'il eſt moins fait que perſonne pour tourner en ridicule ceux qui les cultivent : c'eſt un ſoin qu'il faut leur laiſſer, & dont par malheur ils ne s'acquittent que trop bien.

Les conditions que le Sénat mit au ſéjour de Chriſtine en Suède, même lorſqu'elle fut partie pour y revenir une ſeconde fois, lui parurent ſi dures qu'elle jugea à propos d'aller attendre à Hambourg la prochaine Diète, pour y faire valoir ſes demandes. Ce fut de-là, qu'elle écrivit au Sénateur Sevedt Baat, chargé de ſes affaires à la Cour de Suède, que l'obligation où elle étoit de ménager de grands intérêts, lui avoit appris à ſouffrir & à diſſimuler. Ce fut auſſi dans ce voyage, qu'ayant trouvé dans le cabinet d'un Antiquaire la médaille de ſon abdication, elle rejeta cette médaille, & ne voulut point la voir. Cette action qui pouvoit n'être qu'un effet de ſon chagrin actuel, fut regardée avec aſſez de vraiſemblance, comme une vive expreſſion du dépit qu'elle reſſentoit d'avoir quitté la Couronne.

La Diète ſe tint, & il eſt à croire que les intérêts de Dieu avoient changé ; car de tous les Ordres de l'Etat, le Clergé fut le ſeul qui fut favorable à Chriſtine. Il craignoit apparemment que ſi elle revenoit à la Cour ſolliciter par elle-même ce qu'elle demandoit, elle ne réuſsît au-delà de ſes eſpérances ; & les Prêtres Suédois pratiquèrent en ce cas la maxime de faire un pont d'or à ſon ennemi. Mais le reſte de la Nation, à qui tous ces voyages de Chriſtine avoient inſpiré peu d'eſtime pour elle, & qui ne voyoit plus dans ſa conduite que beaucoup d'inconſtances & d'intrigues, uſa du droit qu'elle lui avoit donné, & lui refuſa preſque toutes ſes demandes. Elle renonça donc à la Suède pour jamais, & revint à Rome, où elle paſſa le reſte de ſes jours mécontente & mal payée de ſes anciens ſujets, oubliée de la France, & aſſez peu conſidérée de la Nation même qu'elle avoit préférée aux autres. La reconnoiſſance & l'admiration avoient été, pour ainſi dire, le premier mouvement des Romains envers une Princeſſe qui avoit renoncé à régner pour vivre au milieu d'eux ; mais les hommes n'ont de ſentiment continu que pour la grandeur & le pouvoir ; les Princes mêmes les plus eſtimés & les plus dignes de l'être, ignorent combien le trône leur eſt néceſſaire pour faire rendre juſtice à leurs talents, & combien aux yeux du peuple, c'eſt-à-dire, de preſque tous les hommes, ils tirent de mérite de leur Couronne, même lorſqu'ils auroient le moins beſoin d'elle. « Chriſtine, dit l'Hiſtorien Nani, s'ap-» perçut, bientôt après ſon abdication, qu'une Reine » ſans Etats étoit une Divinité ſans temple, dont » le culte eſt promptement abandonné ».

Elle n'étoit pas encore arrivée à Rome, lorſqu'elle apprit la mort d'Alexandre VII. On peut donner par le fait ſuivant, une idée du caractère de ce Pape. Il avoit témoigné, dès le commencement de ſon Pontificat, beaucoup de ſévérité & d'éloignement, pour ce qu'on appelle à Rome le Népotiſme. Ce déſintéreſſement étoit l'objet d'une Epître que le Cardinal Pallavicini lui avoit adreſſée à la tête de ſon Hiſtoire du Concile de Trente ; mais le Pape changea ſi bruſquement, ou de ſentiment ou de conduite, & inonda tellement Rome de ſes neveux, que Pallavicini ſentant le ridicule de l'Epître, ne la publia pas quoiqu'elle fût déjà imprimée.

Alexandre VII, eut pour ſucceſſeur Clément IX, dont le Pontificat trop court, fut appelé l'âge d'or de Rome ; Pontife libéral, magnifique, ami des Lettres & des hommes, aſſez éclairé pour vouloir rendre la Religion reſpectable en terminant toutes les diſputes, & dont l'eſprit pacifique auroit dû avoir plus d'imitateurs.

Chriſtine continuoit toujours ſon commerce avec les Savants de Rome & les Etrangers. L'Auteur des Mémoires nous donne à cette occaſion une liſte des Savants, qui compoſoient alors l'Académie des Arcades : liſte auſſi inutile dans cette Hiſtoire, que celle qu'il donne des Savants de Suède durant le règne de Chriſtine. Nous ne citerons de tout cet endroit de ſes Mémoires, que le titre d'un Ouvrage de Nicolas Pallavicini : *La défenſe de la Providence divine par la grande acquiſition qu'a faite la Religion Catholique en la perſonne de la Reine de Suède.* Ce Traité ne fut pas imprimé à cauſe de cinquante-quatre héréſies que l'on prétendoit qui s'y trouvoient. J'admire la patience qui les a comptées.

On voit par une lettre que Christine écrivit, vers ce temps-là, à Otto de Guericke, combien les préjugés contre le mouvement de la terre étoient enracinés à Rome. Cette Princesse qui avoit renoncé au trône pour être libre, ne l'étoit pas assez pour dire hardiment à un étranger qu'elle croyoit l'immobilité du Soleil.

Bientôt après, commença la fameuse guerre que Louis XIV soutint avec tant de gloire contre toute l'Europe jalouse de l'humiliation des Hollandois, & qui fut terminée par le traité de Nimègue. Christine n'approuvoit point que la Suède fût entrée dans cette guerre, où, en effet, elle ne fut pas heureuse. Peut-être aussi son ressentiment étoit-il excité par un libelle qu'on venoit de publier contre elle en France, & dont elle n'avoit pu avoir satisfaction. Mais ce qui la touchoit le plus, c'étoit la crainte de voir retardé le payement de ses revenus. Elle envoya à Nimègue, pour y veiller à ses intérêts, un Plénipotentiaire qui y fut écouté & reçu comme l'Ambassadeur d'une Reine sans pouvoir. Ce Plénipotentiaire étoit un jeune homme nommé Cedercrantz. Le peu de talent & de connoissance que Christine avoit remarqué en lui ne l'avoit pas empêché

pêché de lui confier le ſoin de ſes affaires ; elle diſoit que ſon deſtin étoit de faire non-ſeulement la fortune, mais auſſi l'eſprit de ceux qui la ſervoient. Cependant la Suède fit remettre à Chriſtine, des ſommes aſſez conſidérables auſſi-tôt après la concluſion de la paix. Mais cette Princeſſe rejeta abſolument la propoſition qu'on lui fit, de recevoir chaque année, à compte de ſes prétentions, une certaine ſomme de la France. Quand on peut être ſon maître, répondit-elle, on ne doit pas en chercher un.

L'année ſuivante, les opinions des Quiétiſtes, plus humiliantes encore pour la raiſon humaine que celles qui ont troublé la France dans ces derniers temps, firent grand bruit à Rome, où ces ſortes de conteſtations ſont mépriſées pour le fond, & jugées avec beaucoup de ſolennité pour la forme.

La célèbre Mademoiſelle le Fevre, depuis Madame Dacier, envoya vers ce temps à Chriſtine le *Florus ad uſum* quelle venoit de mettre au jour. Chriſtine, en la remerciant, l'exhorta à ſe faire Catholique, & Mademoiſelle le Fevre profita quelque temps après de ſes avis.

Louis XIV qui, en humiliant le Pape d'une main, ſongeoit à écraſer de l'autre le Calviniſme dans ſes

Etats, donna en 1685 le fameux Edit, qui révoquoit celui de Nantes. Christine écrivit à cette occasion au Chevalier de Terlon, Ambassadeur de France en Suède, une lettre que Bayle inséra dans son Journal. Elle y déploroit le sort des Calvinistes persécutés, avec un intérêt & un air de bonne foi, qui firent dire à ce fameux Ecrivain, que la lettre de la Reine étoit un reste de Protestantisme. Mais ce reste de Protestantisme étoit au moins fort équivoque; il y a bien de l'apparence que les droits seuls de l'humanité arrachèrent la lettre à Christine. La persécution contre les Réformés fut portée à un degré de violence qu'on ne doit point attribuer à Louis XIV; elle fut l'effet funeste de l'animosité de ses Ministres. Il en auroit eu horreur s'il en avoit été témoin. Je n'entre point ici dans la question, si le Roi devoit souffrir le Calvinisme dans ses Etats; si deux puissantes Religions, rivales l'une de l'autre, sont plus dangereuses à un Royaume, que ne le seroit l'extirpation de l'une des deux; si dans l'état où étoient les choses, il n'eût pas mieux valu employer la douceur que la force ouverte, & faire paisiblement, & peu à peu, des prosélytes au Catholicisme à force de bienfaits, que des martyrs au

Calvinifme. De tels problêmes de politique & de Religion, demanderoient une autre plume que la mienne, & un autre Ecrit que celui-ci. Mais au moins tout le monde convient aujourd'hui, que cette perfécution fut d'une cruauté qui révolte également la Religion & la juftice; en applaudiffant à la droiture des intentions du Roi, on le plaint d'avoir été fi inhumainement obéi.

Les fentiments que Chriftine montre dans fa lettre, lui font honneur, & font un des plus beaux monuments qui reftent d'elle. « Etes-vous bien perfuadé, écrivoit-elle au Chevalier de Terlon, de la fincérité de ces nouveaux convertis ?..... Les gens de guerre font d'étranges Apôtres..... Je plains tant d'honnêtes gens réduits à l'aumône..... Quoique dans l'erreur, ils font plus dignes de pitié que de haine..... Je confidère la France comme un malade à qui on coupe le bras pour extirper un mal que la patience & la douceur auroient guéri ». Elle finit fa lettre, par oppofer la conduite de Louis XIV envers fes fujets Proteftants, à la conduite qu'il tenoit alors envers le Pape. Ce dernier article eft de trop, ainfi que fes déclamations ultramontaines contre les libertés de l'Eglife Gallicane, & contre les fameux articles de 1682.

Chriftine trouva très-mauvais que Bayle eût publié cette lettre, & fut encore plus choquée des réflexions qu'il y avoit jointes pour jetter fur la converfion de la Reine une efpèce de doute. Ses plaintes furent le fujet d'une négociation affez longue entre le Philofophe & la Princeffe ; & cette négociation fe termina à la fatisfaction réciproque de l'une & de l'autre.

L'affaire des franchifes qui faifoit alors tant de bruit en France, n'en faifoit pas moins à Rome. Chriftine qui avoit d'abord renoncé à fon droit, voulut annuller fa renonciation, par le mécontentement qu'elle eut de l'infolence des Officiers du Pape, qui avoient pourfuivi & enlevé un criminel jufques dans fa maifon. Mais cette affaire, qui fe traitoit à Paris avec beaucoup d'appareil, & qui produifoit de la part du Pape des excommunications, & de la part du Parlement, des Arrêts & des appels au futur Concile, fe traitoit plus paifiblement entre Chriftine & le Pape, par le moyen de leurs Confeffeurs. Néanmoins elle fut auffi difficile à accommoder, que si Christine eût été redoutable.

Cependant la guerre commençoit en Europe. On voit par une des dernières lettres de Christine, qu'elle prévit quelle en seroit l'issue par rapport au Roi Jacques II. Ce Prince, plus louable dans une Oraison funèbre que dans l'Histoire, & dont l'esprit persécuteur sera toujours désapprouvé par un Christianisme bien entendu, avoit été chassé de son trône pour avoir tourmenté une Nation qui le laissoit jouir en paix de ses Moines & de ses maîtresses, & pour avoir voulu faire croire aux Anglois par la force, ce qu'il auroit dû leur persuader par son exemple. Réfugié en France, peu estimé dans l'Europe, & en butte aux railleries de la Cour même où il s'étoit retiré, il fit, dit-on, des miracles après sa mort, n'ayant pu faire pendant sa vie celui de remonter sur le trône. « Voici, écrivoit Christine au sujet de cette guerre, un grand spectacle ouvert, qui va faire rire & pleurer bien des gens. Tout tremble à Rome excepté moi seule. Ma grande curiosité est d'observer la contenance de la Suède ». Toujours animée contre la France, elle ne paroissoit pas desirer que la Suède s'unît à Louis XIV. On prétend aussi que lasse du Pape & des Romains, elle négocioit avec le grand Electeur de Brandebourg une retraite dans ses Etats. Quelques Ecrivains, sans examiner si cette négociation est réelle, en ont conclu qu'elle méditoit de retourner à la Religion Luthérienne ; mais Christine, si elle eut en effet ce dessein peu vraisemblable, n'eut pas le temps de l'exécuter. Elle mourut peu de temps après, avec assez de tranquillité & de philosophie. On a prétendu que sa mort étoit supérieure à celle d'Elisabeth ; il seroit à souhaiter qu'on en pût dire autant de sa vie. Elle ordonna par son testament qu'on ne mît sur son tombeau que ces mots, *D. O. M. vixit Christina ann. LXIII* (1). La modestie & le faste des inscriptions sont également l'ouvrage de la vanité. La modestie convient mieux à la vanité qui a fait de grandes choses, le faste à la vanité qui n'en a fait que de petites. Si on juge sur cette règle l'épitaphe de Christine, on trouvera qu'elle n'est que vraie sans être grande. Les inégalités de sa conduite, de son humeur & de ses goûts, le peu de décence qu'elle mit dans ses actions, le peu d'avantage qu'elle tira de ses connoissances & de son esprit

(1) C'est-à-dire, *à Dieu très-bon & très-grand. Christine a vécu 63 ans.*

pour rendre les hommes heureux, sa fierté qui fut souvent déplacée, (car la fierté l'est toujours quand elle ne produit pas l'estime), ses discours équivoques sur la Religion qu'elle avoit quittée & sur celle qu'elle embrassoit, enfin, la vie, pour ainsi dire errante, qu'elle a menée parmi des Etrangers qui ne l'aimoient pas; tout cela justifie plus qu'elle ne l'a cru, la brièveté de son épitaphe.

Je ne dis rien de ses obsèques, de sa bibliothèque, de ses tableaux, de ses curiosités, des médailles qui furent frappées à son sujet; & je laisse l'Auteur des Mémoires, se livrer avec complaisance à ce détail; j'aime mieux faire mention de deux Ouvrages qu'elle composa. L'un intitulé *Pensées diverses*, est, comme la plupart des Ouvrages de ce genre, un recueil de lieux communs, que souvent même on n'a pas pris la peine de déguiser par un tour épigrammatique. Ce qui est le plus singulier dans cet Ecrit, ce sont quelques maximes sur la tolérance, qu'on y remarque précisément à côté des propositions les plus outrées sur l'infaillibilité du Pape. Si elle a prétendu donner celles-ci pour le contrepoison des premières, ne pourroit-on pas dire que le remède est pire que le mal? L'autre Ouvrage de Christine, est un Eloge d'Alexandre ; ce conquérant, l'idole de l'antiquité, l'objet de la critique de notre ſiècle, qui, comme la plupart des Princes célèbres, ne mérita ni cet excès d'éloges dont la flatterie l'accabla, ni les ſatyres que tant de Gens de Lettres en font aujourd'hui, parce qu'ils n'ont rien à en attendre ; Chriſtine auroit dû louer moins ce Prince, & l'imiter davantage; non dans ſon amour effréné de la gloire & des conquêtes; mais dans ſa grandeur d'ame, dans ſon talent pour régner, dans la connoiſſance qu'il eut des hommes, dans l'étendue de ſes vues, & dans ſon goût éclairé pour les Sciences & pour les Arts.

FIN.

www.ingramcontent.com/pod-product-compliance
Ingram Content Group UK Ltd.
Pitfield, Milton Keynes, MK11 3LW, UK
UKHW022128260726
13993UKWH00003B/1312

9 782329 554259